RELATION
DE LA MALADIE
ET
DE LA MORT
DE
NAPOLÉON BONAPARTE,

Extraite *de plusieurs Lettres venues de Sainte-Hélène, rédigée d'après des Documens authentiques, et suivie de nouveaux Détails et d'Anecdotes sur ses derniers momens.*

Seconde édition.

—————————

A PARIS,

A LA LIBRAIRIE DÉPARTEMENTALE,
Rue Villedot, N°. 4.

==========

1821.

RELATION

DE LA MALADIE

ET DE LA MORT

DE

NAPOLÉON BONAPARTE.

PREMIER DOCUMENT.

...... « Ce fut le 17 mars, à son réveil,
que l'Empereur (1) éprouva la première at-
teinte du mal dont il vient de mourir. J'étais
dans le petit salon bleu, où, après avoir pré-
paré la table à thé, j'allais traverser la galerie
qui conduit au billard, lorsque John, un petit
mulâtre que M. Marchand a pris à son service

---

(1) Les personnes qui composaient la maison de
Napoléon, lui donnaient les titres impériaux.

particulier, accourut, tout effaré, pour me dire
que son maître me demandait. Sa Majesté
se meurt, ajouta cet enfant. Je traverse d'un
saut les deux antichambres, et j'entre par le
cabinet de garde-robe. L'Empereur, à demi ha-
billé, était assis sur un pliant de canne, et
respirait de l'éther que M. Antomarchi, son
médecin, lui tenait sous le nez. Sa Majesté était
fort pâle. M. Marchand vint à moi, et me dit :
Je dispose un moment de John que j'envoie
chez M. le grand-maréchal ; Sa Majesté s'est
trouvée mal il y a un quart-d'heure ; et comme
son accident a commencé par deux ou trois
cris fort alarmans, j'ai peur qu'il n'ait des suites. Je crois que le grand-maréchal est à la
ville ; mais nous aurons Madame ; ce sera une
consolation pour Sa Majesté, qui a déjà dit
plusieurs fois : Que va dire Bertrand ? Madame
Bertrand va être bien émue. Qu'on lui cache cet accident. — Malgré cela, continua
M. Marchand, je crois prudent de la faire ve-
nir. Pendant la courte absence de John, obli-
gez-moi, mon cher Philippe, de demeurer dans
la première antichambre. — L'Empereur, en
levant les yeux, remarqua que son valet-de-
chambre me parlait dans l'embrâsure d'une fenêtre et à demi-voix : Qu'est-ce qu'il y a, s'é-

cria-t-il en se levant brusquement? C'est Philippe, répondit M. Marchand; il a entendu du
bruit et est venu demander s'il n'était rien arrivé à Votre Majesté. Ici l'Empereur poussa un
soupir entrecoupé, que je pourrais appeler un
cri; il s'assit, et posant la main sur sa poitrine,
dont il avait écarté tous vêtemens, il dit d'une
voix concentrée: Là, c'est là! M. Antomarchi
tâta le pouls et présenta le flacon d'éther ou
d'alcali, je ne sais lequel. Eh! non, s'écria
l'Empereur, en le repoussant avec impatience,
ce n'est pas faiblesse! c'est la force qui m'é-
touffe, c'est la vie qui me tue! puis s'élançant
d'un bond à la fenêtre entre-ouverte contre laquelle j'étais adossé, il acheva de l'ouvrir avec
une certaine violence, et jetant sur le ciel un
coup d'œil rapide, il s'écria: 17 mars! à pareil jour, il y a 6 ans (1), il y avait des nuages
au ciel (2)!.... Et se retournant vivement, il
ajouta à demi-voix: Ah! je serais guéri, si je
revoyais des nuages !... Le valet-de-chambre
et le médecin l'engagèrent à se recoucher; il y

---

(1) Il était à Auxerre, marchant de l'île d'Elbe sur
Paris. (*Note du Rédacteur.*)

(2) Le ciel de Sainte-Hélène est presque toujours
sans nuages, et en quelque sorte immobile. (*Idem.*)

consentit ; et comme il entrait dans son lit , je le vis prendre la main de M. Antomarchy, la poser sur son estomac nu., et l'entendis prononcer ces paroles : C'est un couteau de boucher qu'ils m'ont mis là, et ils ont brisé la lame dans la plaie.

(Extrait d'une lettre du sieur Philippe C...., attaché à la maison de Napoléon.)

DEUXIÈME DOCUMENT.

Note communiquée à Son Excellence Sir Hudson Lowe, Gouverneur de l'île de Sainte-Hélène, par le professeur Antomarchi, Médecin ordinaire de Son Exc. le Général Napoléon Bonaparte (1).

31 mars 1821.

Monsieur le Gouverneur,

Conformément aux ordres du gouvernement et aux instructions transmises par Votre Excel-

---

(1) Le docteur attaché particulièrement à Napoléon, et payé par lui, donnait à ce prince ses titres souverains ; ils ont été supprimés dans la version qui est sous nos yeux.

lence, j'ai l'honneur de vous communiquer la note que j'ai rédigée, sur l'état de situation du général Bonaparte. Cette note est le résultat fidèle des observations cliniques que j'ai faites au chevet du malade, et desquelles j'ai tenu journal.

« Le 17 du courant, à sept heures et quelques minutes du matin, le premier valet-de-chambre du général Bonaparte, monta chez moi, pour m'apprendre que son Maître éprouvait un accident qui demandait ma présence et mes soins.

» Étant descendu dans la chambre à coucher du général, je le trouvai debout, courbé devant une table, sur laquelle il s'appuyait fortement. Sa physionomie exprimait visiblement une grande douleur musculaire ; il avait les lèvres contractées, les sourcils plissés, et les yeux très saillans hors de l'orbite. Son visage passait alternativement et rapidement d'une pâleur livide à un rouge foncé et vergeté. Il éprouvait un tremblement universel.

» Aussitôt qu'il m'entendit ouvrir, il s'écria, sans tourner la tête : Venez, venez, docteur, et voyez si c'est le foie, comme le prétendait O' Meara et Stockoe ! Votre Excellence, se rappelera que telle était en effet l'opinion de ces médecins.

» La mienne n'était pas fixée, elle ne peut même l'être encore sur une maladie qui simule tant de formes analogues à celles d'autres maladies. Mais le général est plus positif. Après le bain et deux remèdes émolliens que j'avais ordonnés, on le mit au lit; et c'est alors qu'il me dit : Ce sont des obstructions au pylore, ou un ulcère à l'estomac. Mon père en est mort, la Grande Duchesse (1) en a eu sa part, et la Reine de Naples (2), ne vaut guère mieux. J'en mourrai aussi et bientôt. C'est une affaire de quelques semaines. Qu'on me donne du café. Je m'y opposai formellement. Il se fâcha. Pourquoi cette contrariété, dit-il; ne suis-je pas condamné? Cela n'est pas sûr, répondis-je; mais ce qui l'est, c'est que les spiritueux vous *dépêcheraient.* Tant mieux, cria t-il avec exaltation! puis prenant un ton radouci : Si vous étiez mon ami, dit-il, vous ne me refuseriez pas du café. Je suis votre médecin, répliquai-je, et je vous ordonne le silence et la potion.

» Un traitement lénitif a eu lieu, depuis le

____

(1) La princesse *Elisa*, morte des suites d'un ulcère à la matrice.

(2) La princesse *Caroline*, ex-reine des Deux-Siciles.

17 jusqu'au 31. Il y a eu des intermittences, et vendredi une fausse métastase. J'ai été trois heures de la nuit dans l'opinion, qu'un abcès était formé et se mûrissait dans la poitrine. A sept heures, il se manifesta tous les symptômes d'une fluxion, qui disparurent vers midi, et qui laissèrent le malade dans sa situation habituelle.

» C'est celle qu'il a aujourd'hui. Il éprouve une prostration totale de ses forces musculaires, et une grande exaltation de ses forces nerveuses. L'imagination, engourdie les premiers jours, s'est réveillée plus ardente que brillante, et plus rêveuse que riche. L'appétit, qui d'abord avait disparu, reprend par intervalles avec immodération, puis tombe tout-à-coup. Le malade éprouve pour certains alimens, jusqu'alors familiers, un dégoût invincible. Il a de longs accès d'une mélancolie noire, dont l'invasion avait pu faire croire à M. O' Meara que le général était attaqué du mal de rate (1)

____

(1) Napoléon ayant eu, en effet, une *splénalgie* (affection de la rate), les journaux anglais dirent qu'il avait *le spléen*, lequel, ajoutèrent-ils généreusement, finira ce que Waterloo a commencé.

(*Note du Traducteur.*)

compliqué par celui du foye. Pour moi, j'avoue
que je ne pourrais, sans témérité, prononcer
un jugement. Ma conscience me défend donc
aussi d'ordonner un traitement systématique et
suivi.

» Dans cet embarras, je m'adresse à **V. Exc.**
pour qu'elle veuille bien m'adjoindre deux ou
quatre hommes de l'art, tant de ceux qui sont
attachés au gouvernement et à l'armée, que des
praticiens de l'île. J'insiste sur l'adjonction de
ces derniers, parce que je ne mets pas en doute
qu'indépendamment des affections morales qui
ont agité en tant de sens l'existence de Napoléon,
le climat et la localité viennent d'obtenir sur
cette existence une influence que je crois décisive.

» J'ai l'honneur d'être, etc. »

TROISIÈME DOCUMENT.

RÉSUMÉ *de la première Consultation des
Médecins.*

Ils furent appelés au nombre de cinq, sans
compter le professeur Antomarchi, médecin
ordinaire: ce sont MM. *Thomas-Sorst*, pre-

mier médecin des forces navales stationnées à Sainte-Hélène ; *Francis Burton*, médecin du 66ᵉ régiment ; *Arch. Arnott*, médecin du 20ᵉ régiment ; *Chas. Mitchel*, médecin du *Vigo* ; et *Matthew Livingstone*, Médecin de la compagnie des Indes. (Ce dernier habite Sainte-Hélène.)

 On remarquera, qu'à l'exception du docteur Arnott, aucun de ces hommes de l'art ne vit Napoléon : ils discutérent et établirent leur consultation, sur le rapport du professeur Antomarchi, assisté de M. Arnott. Ce dernier, qui connaissait particulièrement le malade, et dans lequel celui-ci paraît avoir mis de la confiance, ouvrit un avis par lequel nous terminerons ce document,

M. Sorst pensa que Napoléon était atteint de marasme et touchait à la consomption : il en donna pour preuves, l'affaiblissement progressif des facultés vitales et surtout la diminution rapide de l'embonpoint. Il prescrivit un régime atténuatif, et jugea que pour prévenir la détérioration totale qui menaçait, il fallait lui opposer une sorte de dissolution artificielle. En conséquence, il proposa que l'on affaiblît le malade par tous les moyens que l'art indique, après quoi l'on travaillerait à le fortifier. Cette marche parut au médecin Sorst *philosophique* et décisive pour le salut de l'ex-empereur.

M. Francis Burton ne crut voir dans la situation de ce prince, qu'une tendance ordinaire à l'hydropisie : il conseilla les remèdes pratiqués en pareil cas.

Nota. —On remarquera que, quoique cette opinion ait paru la moins vraisemblable, ce que l'événement a confirmé, elle n'en a pas moins été transmise en Angleterre, et adoptée par le gouvernement. *The courrier* du 22 juin annonce positivement que Napoléon est *hydropique* Les ministres qui ont fait cette communication dans leur journal officiel, croyaient-ils à son authenticité? on ne le saurait supposer; mais elle répondait, ou semblait répondre aux objections trop méritées que leur adressait l'opposition sur les traitemens éprouvés par Napoléon. En effet, il serait ridicule d'imputer aux *taquineries* d'un gouverneur royal, un résultat aussi grave que l'hydropisie ; il n'y aurait nulle proportion entre la cause et l'effet. On voit où conduit ce raisonnement : à disculper Sir Hudson Lowe, et à n'attribuer qu'à un accident naturel, la maladie *purement physique* du célèbre prisonnier. C'est dommage, encore une fois que l'issue de l'événement soit venue donner un démenti à l'obligeante consultation de **M.** Burton, et aux inductions officieuses du *Courrier.*

Le docteur Mitchel ne partagera nullement l'avis de son confrère. Par l'exposé pathologique de la situation du général, il démontra que son excellence était affectée d'obstructions au pylore. Les dégoûts habituels, les appétits désordonnés du malade, semblèrent au médecin des symptômes évidens. Il ordonna, entre autres traitemens, des bols de ciguë, mais avança, avec plus de zéle que de discrétion, que la constitution robuste, l'énergie naturelle et acquise du malade, et ses habitudes, exigeaient impérieusement un exercice long, rude et développé.

Tout en partageant l'opinion de son confrère, M. Matthew Livingstone attribua au climat une partie des souffrances de *l'illustre exilé* (ce fut l'expression dont il se servit). Conclure sur ce texte, c'eût été trop; mais il est naturel d'en induire que le véritable topique à appliquer au mal de Napoléon, eût été un changement de lieu, de position et de fortune.

C'était depuis longtems le sentiment, et ce fut l'avis formel de **M.** Arnott. Ce médecin, ayant été appelé d'abord auprès du malade, avait eu tout le tems et toutes les facilités possibles pour ses observations. Il paraît, d'après leur résultat, qu'il pensait sur la nature de la maladie de Napoléon, comme les docteurs O' Meara et Stockoë; mais il mettait à la guérison de ce prince deux conditions, sans lesquelles, selon lui, tout traitement deviendrait dérisoire. La première, c'est que le gouverneur Sir Hudson fût rappelé, parce qu'il était plus aisé de changer cet officier, que celui-ci de changer de caractère; la seconde condition, c'est que M. O' Meara, dans la supposition que l'on continuât l'exil à Sainte-Hélène, obtint la permission d'entreprendre sur le malade un traitement général et suivi. On sait que sur ceux du caractère de Bonaparte, c'est-à-dire, où l'imagination domine, la confiance aveugle dans le médecin, est la condition préalable et indispensable du traitement, et en quelque sorte, la moitié de la cure.

Selon M. Arnott, cette cure eût été aussi radicale que prompte, si la détention de l'ex-monarque eût été levée, ne fût-ce que fictivement, et si on lui eût accordé, à lui et aux siens, la liberté de se réfugier aux Etats-Unis. Mais la politique *égoïste* des modernes, peut-elle se concilier avec l'humanité? et que le malheur soit mérité ou non, n'est-il pas un titre aux reproches, à l'opprobre, et l'épouvantail de la pitié?

La devise de l'Angleterre, qui la tient des Romains, est devenue celle du siècle : *Væ victis* !

QUATRIÈME DOCUMENT,

FRAGMENS *attribués à Napoléon.*

.... On fait circuler dans la ville un petit écrit attribué à *Boni* (1) : je vous l'envoye. Ce sont des fragmens tracés, comme il en avait l'habitude, sur des morceaux de papier, et et qu'on a ramassés autour de son lit. Fussent-ils authentiques, je ne vois pas trop quel est leur mérite, et surtout quelle est leur valeur. Pour être un homme extraordinaire, tout ce qu'on fait, tout ce qu'on dit n'est pas extraordinaire. A entendre le vulgaire, ceux qui sortent de sa ligne ne boivent, ni ne mangent, ni ne digèrent ; n'ont ni ses besoins, ni ses vices, ni même les défauts de l'humanité. Leur valet de chambre pense autrement. Quoi qu'il en soit, c'est pourtant au valet de chambre de *Boni*, que vous aurez l'obligation de ces follicules

---

(1) Abrégé de *Bonaparte.* Nom que les soldats anglais donnaient à l'ex-empereur.

En les joignant à ma lettre, il me semble vous envoyer des pastilles stercoraires du grand Lama. (*Paragraphe d'une lettre. de Ste.-Hélène.*)

Premier fragment. — Ils n'y entendent rien. *Pylore, obstruction, hépatite, hépatocèle ;* je crois même qu'ils ont dit *hépatomphale :* science de mots qui cache l'ignorance de la chose. Docteur, voulez vous savoir quelle est ma maladie ? *c'est un Waterloo rentré.*

Deuxième fragment. — Arnott, que signifie ceci ? Des éblouissemens, des vertiges, point d'appétit ou un appétit strident. Un prurit, un chatouillement, une démangeaison dans la région de l'estomac. Puis lassitude, calme plat, immobilité. Le café, fort et beaucoup, me ressuscite. Il cause une cuisson interne, un *rongement* singulier, une douleur qui n'est point sans plaisir. J'aime mieux souffrir que de ne pas sentir.

Troisième fragment. — Montholon lit fort bien ; madame Bertrand lit mieux. *Hector,* dans sa bouche, me fait un effet tout neuf. Lancival avait bien du talent, et Talma aussi.

En

en entendant nommer *Astianax*, j'ai pensé à mon fils. Comme Hector, les lâches m'ont traîné vaincu, c'est-à-dire mort, dans la poussière où ils se cachaient depuis trente ans. Ah! que tout cela fait mal! Plus de gloire pour la France, veuve et découronnée. Les Bourbons n'ont du sang d'Henri IV que la bonté : c'est son épée qu'il faut à cette nation valeureuse. — Mon mal me mord! — Je pense que les insectes éclos de la fange contre-révolutionnaire bourdonnent ; que, nouveau Prométhée, je suis cloué à un roc où un vautour me ronge ! Oui , j'avais dérobé le feu au ciel pour en doter la France ; le feu est remonté à sa source, et me voilà ! —

Quatrième fragment. Quelle absynthe m'avez-vous donné là, Antomarchi ? Cet italien a tout le flegme d'un Saxon. Il va me dire *qu'il le fallait.* Oh! je ne prendrai pas le reste. Pour me faire vivre , vous m'empoisonnez ! O' Meara me traitait mieux. Bon Dieu, que de médecins! comment guérirais-je ? Et ce *bon* Hudson Lowe par dessus ! je serai enterré ici (1).

***

(1) Napoléon avait contre ce gouverneur une antipathie insurmontable ; il ne l'a vu que trois fois. Deux jours avant sa mort, on assure qu'il dit : Je vais

Cinquième et dernier fragment. (Il est chargé de ratures, au milieu desquelles on ne peut distinguer que ces mots : » *vin du cap...* » *la France .. ulcère... Mes amis, vous* » *m'avez... ingratitude ... les maréchaux...* » *fidélité... de l'eau d'Hut'sgate... rien à mon* » *fils que mon nom.* »

CINQUIÈME DOCUMENT.

Mort *de* Napoléon Bonaparte. *Dépêche de sir* Hudson Lowe, *gouverneur de l'île Ste.-Hélène, à lord* Bathurst, *ministre des Affaires étrangères.*

Milord,

Il est de mon devoir d'annoncer à V. S. que Napoléon Bonaparte est mort, à environ six heures moins dix minutes du soir, le 5 mai, après une maladie qui l'avait retenu chez lui depuis le 17 mars dernier.

échapper à mon geolier; mais, mon Dieu, si vous me damnez, ne me donnez pas pour diable un autre Sir Hudson!

Il a été soigné dans le commencement de sa maladie, c'est-à-dire, depuis le 17 jusqu'au 31 mars, par son propre médecin, le professeur Antomarchi seul ; pendant les derniers temps, c'est-à-dire, depuis le 1er. avril jusqu'au 5 mai, il recevait les visites journalières du docteur Arnott, du vingtième régiment de S. M., conjointement avec le professeur Antomarchi.

Le docteur Shorst, médecin en chef, et le docteur Mitchell, premier médecin des forces navales de station, dont on avait offert les services, ainsi que ceux des autres médecins de l'île, ont été appelés en consultation par le professeur Antomarchi, le 3 mai ; mais on ne les invita point à voir le malade.

Le docteur Arnott était auprès de lui au moment de sa mort, et lui vit rendre le dernier soupir. Le capitaine Crokat, officier de service, et les docteurs Shorst et Mitchell virent le corps immédiatement après. Le docteur Arnott resta près du corps pendant la nuit.

Ce matin de bonne heure, à environ sept heures, je me rendis à l'appartement où était le corps, accompagné du contre-amiral Lambert, commandant en chef de la station ; le marquis de Montchenu, commissaire de S. M. le roi de France, et chargé des mêmes fonctions de la

part de S. M. l'empereur d'Autriche ; le briga-
dier général Coffin , commandant en second des
troupes ; Thomas L. Brooke et Thomas Green-
tree, écuyers , membre du conseil du gouvernement de l'Ile , et les capitaines Brown Hendry
et Marryal , de la marine royale.

Après avoir vu la personne de Napoléon
Bonaparte , qui avait la figure découverte , nous
nous retirâmes.

On permit ensuite , avec le consentement des
personnes qui avaient composé la maison de
Napoléon Bonaparte , aux officiers de terre et
de mer , qui le désirèrent , aux employés
et officiers civils de l'honorable compagnie
des Indes Orientales , et à plusieurs autres
individus résidans ici , d'entrer dans la chambre
où était le corps et de le voir.

Aujourd'hui à deux heures, le corps a été
ouvert en présence des médecins dont les noms
suivent : le docteur Shorst, le docteur Arnott,
le docteur Burton , du soixante-sixième régiment
de S. M. M'. Matthew Livingstone , médecin,
au service de la compagnie des Indes.

Le professeur Antomarchi assistait à la dissection. Le général Bertrand et le comte Montholon étaient présens.

Après avoir examiné avec soin les différentes

parties intérieures du corps, tous les médecins présens tombèrent d'accord sur leur nature dans un rapport ci-joint.

Je ferai enterrer le corps avec les honneurs dus à un officier général du plus haut rang. J'ai confié cette dépêche au capitaine Crokat, du vingtième régiment de S. M. qui était l'officier de service auprès de Napoléon au moment de sa mort ; il s'embarque à bord de la Goëlette de S. M., le *Héron*, que le contre-amiral a détachée de l'escadre sous son commandement pour porter cette nouvelle.

J'ai l'honneur d'être, etc.

H. Lowe, *Lieutenant-Général*,
au très-honorable Lord Bathurst, etc.

Longwood, le 6 mai 1821.

SIXIÈME DOCUMENT.

Rapport *des Médecins, après la dissection du corps de* Napoléon.

A la première apparence, le corps paraissait très-gras, ce qui fut confirmé par la première incision vers le bas ventre, où la graisse avait

plus d'un pouce et demi d'épaisseur sur l'ab-
-domen.

En pénétrant à travers les cartilages des côtes
et en examinant la cavité du thorax, on vit une
légère adhésion de la plèvre gauche à la plèvre
des côtes. Environ trois onces d'un fluide rou-
geâtre étaient contenues dans la cavité gauche,
et près de huit onces dans la cavité droite ; les
poumons étaient très-sains, le péricarde était
dans son état naturel, et contenait environ une
once de fluide ; le cœur était de la grandeur
naturelle, mais révêtu d'une forte couche de
graisse, les oreillettes et les ventricules n'avaient
rien d'extraordinaire, si ce n'est que les parties
musculaires paraissaient plus pâles qu'elles ne
devaient l'être.

En ouvrant l'abdomen, on vit que la coiffe
qui couvre les boyaux (*l'omentum*) était extra-
ordinairement grasse ; et en examinant l'estomac,
on s'aperçut que ce viscère était le siége d'une
grande maladie. De fortes adhésions liaient
toute la surface supérieure, surtout vers l'extrémité du pylore jusqu'à la surface concave
du lobe gauche du foie ; en les séparant, on
découvrit qu'un ulcère pénétrait les enveloppes
de l'estomac, à un pouce du pylore, et qu'il
était assez grand pour y passer le petit doigt.

La surface intérieure de l'estomac, c'est-à-dire, presque toute son étendue, présentait une masse d'affections cancéreuses où de parties squirreuses, se changeant en cancer : c'est ce qu'on remarqua surtout près du pylore : l'extrémité cardiaque, moins une petite étendue vers le bout de l'œsophage, était la seule partie qui paraissait saine ; l'estomac était presque plein d'une grande quantité de fluide ressemblant à du marc de café.

La surface convexe du côté gauche du foie, adhérait au diaphragme. A l'exception des adhésions occasionnées par la maladie de l'estomac, le foie ne présentait rien de mal-sain.

Le reste des viscères abdominaux était en bon état.

On remarqua une légère différence dans la formation du rognon gauche.

> Signé Thomas SHORST, *premier Médecin ;* Arch. ARNOTT, *Médecin du* 20ᵉ. *régiment ;* Francis BURTON, *Médecin du* 66ᵉ. *régiment ;* Chas. MITCHELL, *Médecin du* Vigo ; Mathew LIVINGSTONE, *Médecin de la Compagnie des Indes.*

SEPTIÈME DOCUMENT.

Funerailles *de* Napoléon Bonaparte.

Je vous ai écrit le 6 pour vous donner quelques détails sur Napoléon ; je me hâte de vous transmettre les particularités suivantes :

Napoléon avait été indisposé depuis long-temps, et il était retenu au lit depuis environ quarante jours. Le mardi premier mai, nous pensâmes, pour la première fois, que sa maladie était dangereuse ; le mercredi elle empira.

Jeudi on désespéra de sa vie ; vendredi il alla un peu mieux, ayant pris quelques raffraichissemens. Samedi, à cinq heures du matin, on n'eut plus d'espoir de son rétablissement. Pendant le jour, on faisait des signaux de Longwood, de deux heures en deux heures ; ils portaient en substance ; « toujours de même, point de changement ». Jusqu'à cinq heures où le signal fut donné, ses extrémités sont froides ; il n'y a presque plus de pouls ». En conséquence l'amiral, le marquis de Montchenu, commissaire du roi, et son aide de camp, se rendirent immédiatement à Longwood, pour être témoins, comme on le suppose, de sa mort prochaine, qui eut lieu à six heures dix minutes précises, le même soir.

Napoléon perdit connaissance à environ trois heures du matin, le 5 mai; les dernières paroles qu'on lui entendit prononcer furent : « *mon Dieu.......... la nation française!* » Il était bien maigri en comparaison de ce qu'il était lorsque je le vis, il y a environ quatre ans. Napoléon resta exposé le 6 et le 7 courant ; il était revêtu de son uniforme, une étoile sur le côté et une croix d'argent sur la poitrine ; il reposait sur un petit lit de camp qu'il avait avec lui dans la plupart de ses campagnes; il avait sous son corps son manteau de drap bleu brodé d'argent, qu'il portait à la bataille de Marengo et qui a servi de drap mortuaire à ses funérailles ; la chambre où il était, était petite et tendue en noir.

A la tête du corps, étaient l'autel, le prêtre, le maréchal Bertrand, le comte Montholon, et tous les domestiques étaient présens ; tous convinrent qu'il avait le plus beau corps qu'ils eussent jamais vu. Son corps n'est pas embaumé ; mais son cœur est conservé. On lui a rendu, le 9 du courant, les honneurs que l'on rend aux restes de l'officier général du grade le plus élevé, ou en d'autres paroles, les plus grands honneurs que l'on pouvait lui rendre dans l'île.

Voici l'ordre de la marche : Napoléon Bertrand, fils du maréchal ; le prêtre, revêtu de ses habits d'ecclésiastique ; le docteur Arnott, du 20ᵉ régiment ; le médecin de Napoléon ; le corps, dans une voiture attelée de quatre chevaux ; douze grenadiers de chaque côté, pour descendre le corps au bas d'une colline où la voiture ne pouvait aller : le cheval de Napoléon, conduit par deux domestiques ; le comte Montholon et le maréchal Bertrand portaient les coins du drap ; madame Bertrand et sa fille dans une voiture découverte ; des domestiques des deux côtés et derrière ; les officiers de marine et de l'état-major ; les membres du conseil ; le général Coffin ; le marquis de Montchenu ; l'amiral et le gouverneur ; Lady Lowe et sa fille, en grand deuil, dans une voiture découverte ; des domestiques à droite, à gauche et derrière. Les dragons, les volontaires de Ste.-Hélène, le régiment de Ste.-Hélène, l'artillerie de Ste.-Hélène, le 66ᵉ. régiment, les soldats de marine, le 20.ᵉ régiment, l'artillerie royale.

Onze salves d'artillerie ont été tirées pendant la cérémonie.

Il a été renfermé dans un cercueil de plomb, revêtu de son uniforme, de ses étoiles, ordres, etc... Ce cercueil a été mis ensuite dans deux autres cercueils d'acajou. La partie supérieure et les côtés extérieurs du cercueil étaient simples, les bords étaient garnis d'ébène noir, et des vis d'argent s'élevaient sur le couvercle.

Napoléon est enterré dans un endroit très-romantique, situé dans une vallée, près d'un lieu, appelé Hut's Gate (la porte de la cabane). Voici quelle est la cause de ce choix. Lors de son arrivée, le maréchal Bertrand demeurait à Hut's gate, en attendant qu'on lui eût construit une maison près de celle de l'ex-empereur, qui visitait souvent la famille du maréchal ; très-souvent il allait se promener du côté d'une source d'eau excellente (on la regarde comme la meilleure de l'île), et s'en faisait donner un verre.

Madame Bertrand et le maréchal étaient toujours avec lui, et il leur disait : S'il arrive que je meure sur ce rocher, faites-moi enterrer dans cet endroit; et il indiquait sa place près de la source, au-dessous de deux saules.

La maison destinée à Napoléon était complètement terminée : Bertrand le lui ayant annoncé deux jours avant sa mort, il lui répondit qu'elle lui servirait de tombeau, ce qui eut lieu effectivement, car on enleva les pierres d'une partie de la maison pour former le caveau. Le 12, tous ses effets ont été exposés aux regards du public.

HUITIEME DOCUMENT.

Nouveaux *détails extraits des Journaux anglais et de Lettres particulières.*

Napoléon a été enterré mercredi 9, sous les saules, dans l'endroit qu'il avait indiqué, à environ un mille et demi de Longwood. Un cortége, composé de l'état-major et de tous les officiers de marine, suivait le corps, qui était dans une voiture tendue en noir, et renfermé dans un cercueil d'acajou.

Il a été reçu à la sortie de Longwood, par trois milles hommes de troupes, y compris l'artillerie et une partie des soldats de marine, avec quatre détachemens de musiciens rangés le long de la route. Après le passage du corps, les troupes le suivirent, et s'arrêtèrent au-dessus de l'endroit où il devait être déposé, occupant la route qui longe la vallée, tandis que le cortége descendait par une route prati-quée exprès. Le corps fut alors enlevé par vingt-quatre grenadiers des différens corps présens, et porté au tombeau, où il reçut la bénédiction du prêtre : il a été déposé dans une chambre pratiquée dans un vaste caveau en pierres. Une grande pierre recouvre la chambre, et l'espace intermédiaire est rempli de maçonnerie renforcé de fer.

On a pris toutes les précautions pour empêcher l'enlèvement du corps ; il est probable que les commissaires français ne désiraient pas moins ces précautions que le gouverneur de l'île. Le corps est renfermé dans trois cerceuils, un de chêne, un de sapin, et le troisième d'acajou. Son cœur, que Bertrand et Montholon désiraient rapporter en Europe, a été remis dans le cerceuil ; mais il est dans une coupe d'argent remplie d'esprit de vin ; son chirurgien désirait garder l'estomac ; mais il a été également conservé dans une coupe d'argent.

Comme tout ce qui a rapport à un homme si extraordinaire doit être extrêmement intéressant, je vous dirai qu'après avoir assisté à ses funérailles, je me suis rendu à Longwood, où Marchand, son domestique, me montra sa garde robe. Je n'en ai jamais vu de plus mal composée: des vieux habits, des chapaux, des pantalons qu'un garde marine ne daignerait pas porter ; mais Marchand m'a dit qu'il était extrêmement difficile de lui faire mettre quelque chose de neuf ; et qu'après l'avoir porté une heure, il le rejetait, et reprenait ses vieux habits.

Ses dernières paroles furent... « *Tête Armée !* » On ne peut savoir quelle liaison elles avaient dans son esprit, mais on les a entendues distinctement, vers les cinq heures du matin, le jour de sa mort.

Une garde d'officiers est chargée de veiller sur le tombeau. Bertrand, Montholon, et le reste de la maison partiront dans une quinzaine, à bord du *Camel*

Le capitaine Marryal a dessiné l'endroit où le corps est déposé et le cortége.

— Vendredi soir, *Le Rosario* est arrivé de Sainte-Hélène, avec des dépêches, et la nouvelle officielle, adressée au gouvernement, concernant l'enterrement de Napoléon, le 9 mai, dans un bosquet de saules, dans la vallée de Rupert. Le capitaine Marryal est parti de suite pour l'amirauté ; il apporte, dit-on, les papiers de Napoléon, son testament et d'autres documens qui y ont rapport.

— On dit qu'il a laissé une fortune considérable, et qu'il a libéralement récompensé ses domestiques, et surtout son cocher, qui lui avait sauvé la vie dans un moment dangereux. Le comte Bertrand désire, dit-on, résider en Angleterre pendant le reste de ses jours.

— *Le Héron*, qui a apporté les dépêches officielles au gouvernement, a ordre de se tenir prêt à repartir pour Sainte-Hélène, pour y porter des dépêches à Sir Hudson Lowe et à l'amiral Lambert. Elles ont probablement rapport au départ des troupes et de la station. Il doit mettre à la voile demain.

— Une lettre du 7, porte ce qui suit:

Hier nous sommes allés à Longwood, où nous avons vu Napoléon : il était revêtu de son uniforme, et avait un crucifix sur la poitrine, son prêtre était auprès de sa couche ; il pleurait, et était en grand deuil. A la tête étaient Bertrand et Montholon, qui versaient également des larmes ; mais ce qu'il y avait de plus touchant, c'était madame Bertrand qui était dans une chambre voisine, où elle pleurait amèrement. Ses paroles faisaient voir la force de son attachement et les regrets qu'elle éprouvait de la mort de Napoléon. L'uniforme qu'il portait était celui qu'il avait après la bataille de Marengo.

— Plusieurs jours avant sa mort, il avait fait mettre le buste de son fils au pied de son lit, et ses yeux restèrent fixés dessus jusqu'à son dernier soupir. Il avait l'air endormi. Sa figure était calme ; il était facile d'y reconnaître quelque chose de noble et d'imposant. On a placé sur son cercueil, l'épée et le manteau qu'il portait à Marengo.

QUELQUES ANECDOTES.

I. — Dans les trois premières années de son exil, Napoléon n'était pas informé, ou l'était mal, de la situation de l'Europe. Sir Hudson, minutieux observateur de sa consigne, gardait son prisonnier avec la rigoureuse sévérité d'une sentinelle. Ce gouverneur, en envoyant au monarque captif les *papers-news* du continent, en coupait les marges et les blancs, parce qu'on aurait pu y écrire avec de l'encre sympathique. Il oubliait que le comte Bertrand, que M. de Montholon, que le docteur O'Meara, que le valet de chambre Marchand avaient, de toute nécessité, des relations avec les habitans de l'île , et par ceux-ci avec l'Angleterre, la France et l'Italie. Peu à peu la vérité filtrait, pour ainsi dire, goutte à goutte : il vint enfin un moment où Napoléon sut tout. Quand il connut 1815 et ses horreurs stupides, il dit : En 1793, ce fut la terreur des maniaques ; en 1815, celle des *crétins*. (On sait que ces malheureux, quelquefois fort méchans, sont tous plus ou moins imbécilles.)

II. — Depuis deux ans, il se levait et se couchait de bonne heure. C'était le plus souvent au bain qu'il dictait à M. de Montholon, et auparavant au comte Las-Cazes, ses *Mémoires* qui sont prêts à paraître à Londres. On parle d'un écrit reconnu pour être de sa main par le maréchal Bertrand, et intitulé : *les Trente Jours*. Il y a aussi un morceau précieux qu'il appelait, en raillant : *Histoire de mon Usurpation* ; car, ajoutait-il, le succès ne m'a pas *légitimé*.

III. — Il affectionnait particulièrement le docteur Arnott, avec lequel il se plaisait à discuter sur son mal qu'il lui soutenait être incurable. On assure qu'il laisse à ce médecin 5oo napoléons et une tabatière sur laquelle il a gravé lui-même, avec un poinçon, l'initiale de son nom.

Il a aussi fait un legs considérable au cocher qui le sauva de l'attentat du 3 nivose. (La machine infernale.) Son désir était que Bertrand possédât son cœur ; mais les sentimens généreux ne sont pas dans *la consigne* de sir Hudson.

IV. — On a publié à Londres des lettres du docteur O'Méara, dans lesquelles il a cherché à démontrer, 1°. que Napoléon était mort de la maladie du foie ; 2°. que lui, O'Méara, l'aurait guéri, s'il eût obtenu la permission de retourner auprès de l'illustre prisonnier.

V. — Napoléon aima beaucoup Marie-Louise ; mais depuis les événemens de 1814, toute sa tendresse semblait surtout s'être réunie et comme ramassée sur le prince *Eugéne*, si digne en effet de cet auguste attachement, et sur NAPOLÉON FRANÇOIS, qu'une fausse politique titra du nom de *Roi de Rome*, mais qui n'aura jamais de titre plus grand que celui de FILS DE NAPOLÉON. Le grand homme, auquel cet enfant doit la vie, n'a senti se ranimer et battre son cœur depuis six ans, qu'au souvenir de cet être chéri ; ce fut une fois à Longwood, quand son buste, payé au poids de l'or, y fut inauguré ; et les regards mourans du père se sont attachés, et, pour ainsi dire éteints, sur l'image du fils.

TABLE DES MATIERES.

Pages.

Premier Document.

EXTRAIT d'une Lettre écrite de Sainte-Hélène par le sieur Philippe C★★★. — Conversation de Napoléon avec son Médecin, le 17 mars. . . 3

Deuxième Document.

Note communiquée à Son Excellence, Sir Hudson Lowe, Gouverneur de l'île Sainte-Hélène, par le Professeur Antommarchi, Médecin ordinaire du général Bonaparte. . , ... 6

Troisième Document.

Résumé de la première Consultation des Médecins. — Thomas Shortt. — Francis Burton. — Arch. Arnott. — Chas. Mitchell. — Matthew Livingstone. — Marasme. — Hydropisie. — Obstructions au pylore. — Influence du climat. — Influence de la situation. 10

Quatrième Document.

Fragmens attribués à Napoléon. 15

Pages.

Cinquième Document.

Mort de Napoléon. 18

Sixième Document.

Dissection du corps de Napoléon. 21

Septième Document.

Funérailles de Napoléon. — Huds'-Gate. — Napoléon Bertrand. 24

Huitième Document.

Pompe funèbre du 9 mai. — Garde d'Officiers qui veille près le corps — Cœur de Napoléon. — Marchand, valet-de-chambre. — Garderobe de Napoléon. 28

QUELQUES ANECDOTES.

Sir Hudson Lowe et les Papers-News. — Mémoires de Napoléon. — Histoire de son Usurpation. — Présent fait par Napoléon au Docteur Arnott. — O' Méara. — Marie-Louise, le Prince Eugène et Napoléon-François, ci-devant Roi de Rome. 32

Imprimerie de Madame Veuve PORTHMANN,
Rue Sainte-Anne, n°. 43.